Palpations intouchables

Maxence Loubignac

Palpations intouchables

Illustrations de Laurence Larock

Éditeur : BoD-Books on Demand
12-14 rond-point des Champs-Élysées, 75008 Paris
Impression : Books on Demand, Norderstedt, Allemagne

Illustration : Laurence Larock

ISBN : 978-2-3222-2310-7
Dépôt légal : Mai 2020

« L'objectif de l'art n'est pas le déclenchement d'une sécrétion momentanée d'adrénaline, mais la construction, sur la durée d'une vie, d'un état d'émerveillement et de sérénité. »

-Glenn Gould.

PRÉFACE

Qu'elle est libre, la plume qui s'envole seule et glisse le long d'une feuille ! Et bien que noire soit son encre, elle lui offre de la couleur. C'est apaisant, même rassurant. Mais un trouble persiste, immobile quand les lettres se dessinent et se suivent, puis fringuant à l'instant où le vers naît.

Ce trouble m'éloigne de mes mots, pendant que ces derniers restent fidèlement accrochés à mes pensées. Mais je veux croire que ce processus inconscient, qui tente sans succès de séparer le langage de mes pensées, est à l'origine de mon amour persistant pour l'écriture. J'ai alors décidé de laisser ces pensées, bien que troublées, s'emporter par l'envol berçant de la plume vers un ciel blanc infini.

Adouci par le pastel du fin trait dessinateur de ma mère, ce recueil est peint entre les lignes autant qu'il l'est écrit. Il n'attend plus qu'à être lu de la même manière, et surtout à colorer les sens et stimuler l'intouchable palpation. Paradoxale expression, il est vrai. Mais parfois, devoir former des mots sur ses sensations et pensées nécessite de distordre le langage, d'inventer des tournures qui ne transmettent pas moins une réalité. Ou du moins sa propre réalité.

Une intouchable palpation, c'est d'abord ce geste passionné qui part du cœur et passe par les yeux pour finalement s'emparer d'un paysage, d'une œuvre d'art, d'un évènement, voire d'un autre regard. Plus encore, c'est ce moment unique qui élève un coup d'œil au rang d'admiration à partir duquel notre cœur laisse s'envoler des papillons qui parcourront notre corps.

Précisément, les palpations intouchables sont ces chemins invisibles qui unissent lyriquement les regards à leur cible, offrant aux concernés la clef de la béatitude : l'émerveillement.

Dès lors, j'ai réalisé qu'être émerveillé s'apprenait. Qu'on ne parlait pas d'un état d'âme acquis, mais d'une sensation qui évolue tout le long d'une vie, s'exprimant différemment à chaque fois qu'elle est retrouvée. C'est ce caractère surprenant qui en fait sans doute sa beauté éternelle.

L'émerveillement est partout autour de nous, et même en nous. À nous et notre curiosité de le délivrer de son repos éphémère afin qu'il réjouisse nos yeux désireux.

À nos palpations intouchables,

ML.

POÈMES

PRÉCIEUSE

Sourire opaque, larme rose.

L'or est contre mon cœur
La raison encerclant mon Moi,
Tes paroles et tes actes
Ont fait de moi un être.
Qui t'observe.

D'un brillant saphir est ton regard bleu,
Unique tact à ne jamais ravir.
Tes paroles et tes actes
Ont fait de moi un fils curieux.
Qui t'admire.

Digne autorité fleurie de liberté,
Merci pour cette confiance qui règne dans nos apophtegmes.
Tes paroles et tes actes
Ont fait de moi un homme.
Qui t'aime.

Muette est ma preuve mais
C'est en te faisant rire que je t'ai prouvé
L'amour pour toi que j'avais,
Que j'ai et que j'aurai.

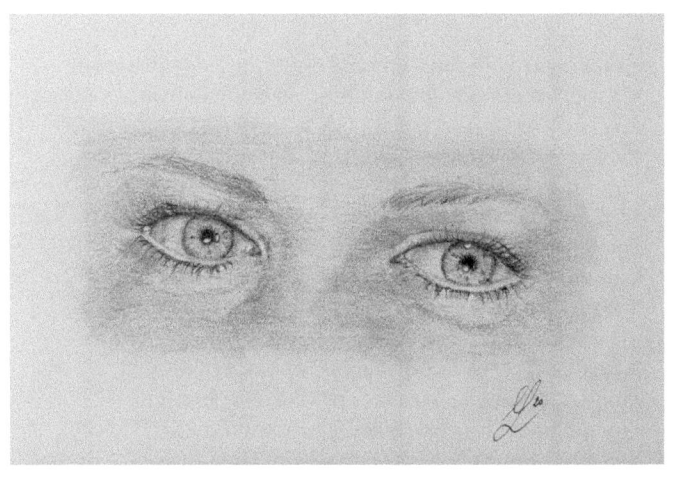

Précieuse

LES MARCHES FRANCHIES

L'instant où curiosité puis ego sont titillés par un défi
Sonne l'ébauche difficile de sensations affaiblies,
Sans savoir ni pratique la force n'est pas, mais surgit
Lorsque s'amorce l'envie soudaine de s'élever.

Les progrès naissent, s'en suit l'espoir qu'immédiatement
Ceux-ci fassent de notre faiblesse un passé lointain, pourtant
L'échec s'invite sans peine pour nous freiner mais
Permet aux premières marches d'être vues par devant.

Et puis la sueur arrose les quelques roses bourgeons,
Fait faner les lierres qui retiennent les fruits du succès
Cantonnés jusqu'au moins la fin d'une mission
Tant accablante qu'on y laisserait sa raison.

Si vivifiants et fructueux une fois atteints et savourés
Sont les sentiments procurés par l'exploit accompli
Qui gomment les complexes et colorent l'esprit,
Sur un sommet glissant si l'on néglige la modestie.

.
.
.

Lorsque s'amorce l'envie soudaine de s'élever
L'échec s'invite sans peine pour nous freiner mais
Fait faner les lierres qui retiennent les fruits du succès,
Si vivifiants et fructueux une fois atteints et savourés.

Les marches franchies

LA PISTE DE L'OISEAU BUVEUR

Les conifères verts se plaignent
Sous un drap blanc éblouissant
Qui peigne sans peine la Plagne.
S'y peint un paradis d'enfant ;
Les pins, la neige et les montagnes.

Portée par la ruse d'un vent
Au-dessus une buse plane
Et coupe le Soleil ardent
Traçant l'ombre qui en émane,
Remerciée par mes yeux souffrants.

J'en profite pour m'élancer,
Car ce n'est qu'une fois en bas
Qu'ici la fière gloire naît.
Le matelas craque sous moi
Et le froid fait rougir mon nez.

Alors je glisse fièrement,
De pas classiques vit ma danse,
Les doigts gelés au fond des gants
Pour effleurer en abondance
La piste en amont qui s'étend.

Ma démonstration accomplie,
Des éléments pourtant s'opposent
Entre mon estime éclaircie
Et les stratus gris qui s'imposent,
Effaçant tout signe de vie.

Alors sans efforts je rejoins
Le sommet si simple à atteindre,
Où j'enclencherai de mes mains
L'oiseau buveur qui ne va geindre
De ces heures sans lendemain.

La piste de l'oiseau buveur

Dans mes mouvements je me plais, me croyant insoumis à tout ce qui m'entoure. Ce plaisir devient quant à lui dépendant d'un mécanisme, lui-même alimenté par ce qui me stimule. J'ai peur de devenir une machine, qui certes aurait des désirs, mais des désirs dépourvus de sens. Ma conscience s'y noierait.

Je dois prendre du recul. Peut-être est-ce ce qui m'entoure qui me façonne ? Je tacherai d'être plus attentif.

Et si je commençais par lever les yeux ? En redressant ma tête, je veille cependant à ne pas croiser le regard humain, cela demanderait trop d'efforts mentaux pour n'avoir qu'agrandi mon cou ! Le Soleil est plein, impossible de l'inspecter, je me rabats alors sur cette faible lune complexée, impatiente que la nuit tombe.

Je me demande si elle sait à quel point ses mouvements sont dictés par tout ce qui l'entoure, elle.

LE POISSON-LUNE

Ce rayon illumine et froisse les écailles
Du poisson enfermé dans une étroite faille.
Il intrigue dans la nuit les villes.
Elle est morte et pourtant indique la voie,
La voici, la Lune qui brille.

Elle est condamnée à flotter,
À faire le tour de son bocal, si sotte
Elle ne fermera ses yeux c'est certain.
Et tout comme le poisson suit nos mains
Elle suit le soir l'humain.

De roches elle se construit, étrange contradiction
Quand de roches elle se détruit.
De loin elle nous sourit, parfois rougit,
Mais de proche nous la voyons
Blessée, même meurtrie.

Le poisson-lune

DERNIERS TABLEAUX

Elles forment un portrait qui jute
Les fleurs aux allures floues
Qui viennent et vont sur la butte.

Bientôt le vent les secoue !
Elles crient, appellent au secours
Puis disparaissent d'un coup.

La pluie répond en retour
Et offre aux futurs décors
Une aquarelle d'amour.

Trois gouttes s'épanchent encore
Pigmentant à travers elles
L'arc-en-ciel et son trésor.

Seraient-ce les fleurs fidèles
Qui font naître ce dernier ?
Oui ! Mes yeux surpris s'emmêlent...

Non ! Les voilà évincées
Par quais, câbles et soldats
Ainsi qu'une voix froissée :

« Angekommen. Treblinka. »

Derniers tableaux

GRISE AISANCE

Qu'importe l'extase qui esquisse mon âme,
D'impropres et pénibles pulsions la tracassent.
Suis-je fou ? Que diriez-vous madame ?
Derrière vos propos aussi faux que cocasses !

Veuillez pardonner mon artificielle curiosité,
La réalité est tout autrement controversée.
À mes oreilles votre parole est inaudible
Subissant le même sort que le Ciel ou que la Bible.

Mais je m'égare je le reconnais.
C'est sur mes gardes que je discute, expressément,
Puisque la réalité m'échappe et m'effraie.
Laissez-moi donc retourner le sujet dignement.

Fort heureusement la perfection me méprise,
Le fait est que je renie le feu et la glace,
Pourtant mes paroles sont ainsi faites hélas,
La solution est nue ou bien soigne sa mise   ?

Ne pourriez-vous me soumettre mille questions
Qui de leur ponctuation conscience n'auraient   ?
Dans un esprit étranger je l'exigerais
Afin qu'aucun éclat n'éclaire vos soupçons.

Il est primordial que la vérité soit crue
Et que son irritable acceptation soit cuite
De piment, d'ammoniaque, de sel ou bien d'agrume,
À une cruelle critique elle ne doit être réduite.

Me voilà dénudé de nuit, dénué de tout sens
Face au sujet qui me fuit, me privant d'entière confiance.
Saugrenue contradiction intérieure ; écoutez, comprenez
Mais surtout fuyez de mon cœur, fuyez... fuyez !

Qu'il s'envole jusqu'à se fondre dans le coton
Après avoir percé mes côtes, ma peau et mon toit.
Bien loin je l'aperçois, il me persuade de tourner en rond,
Agissant tête levée désormais je le vois, puis conçois.

De pulsions à imperfection, de questions à acceptation,
Figée est ma conscience, biaisée est ma confiance.
Sans méfiance, sans défense, mes ailes battent à répétition ;
Enfin je rattrape mon sujet, palpable. Quelle aisance !

Quel calme
...
Quelle aisance
...

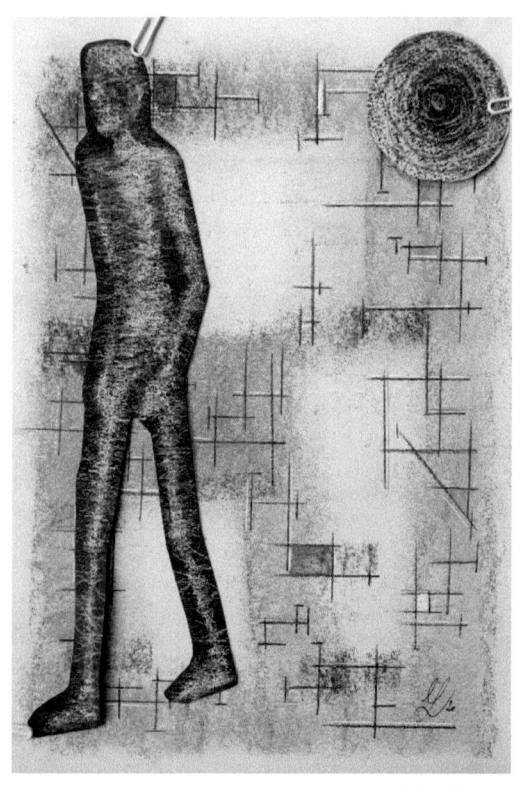

Grise aisance

SEULS

Seul.
Posture à laquelle j'aspirais
Qui comble le vertueux, rejette le violent,
Prétend être sans regret, mais
Double est en fait son tranchant.

Seul.
Certes anéantit le mal autour
Car autour n'existe plus.
Cependant jour après jour
Le dedans devient confus.

Seul.
Semblable au destin d'une flamme,
Le cœur crépite, la voix s'éteint.
Symphonie en chœur, quel drame,
Il se consume et ne se doute de rien.

Seul.
La folie me prend, quelle surprise !
Pour pleurer je ris, pour rire je pleure.
La raison me manque, quelle méprise !
Pour tout je vis, pour rien je meurs.

Seul.
Lors lunatique et plus terrestre,
L'air moins vivant qu'un mort,
Sous mon crâne mille orchestres
Le suis-je vraiment encore,

Seul ?

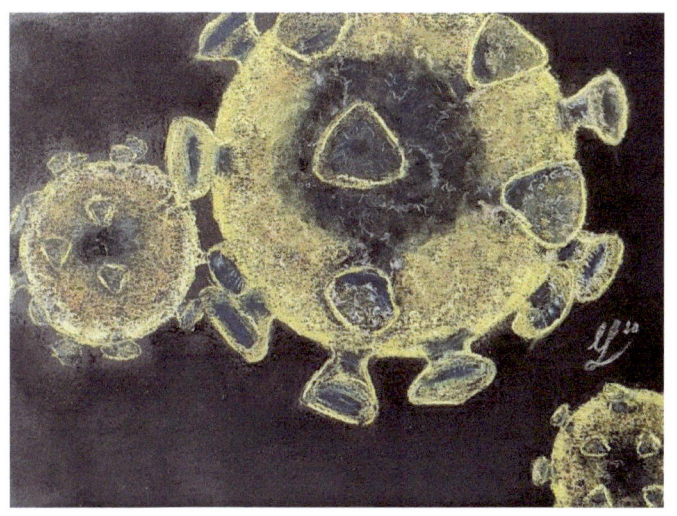

Seuls

UN VRAI FAUX SOURIRE

Grossier poids indigne de l'âme innocente qui l'héberge,
Nocivement inconscient de l'aiguisement de sa lame,
S'engraisse à sa guise de l'écoulement secret des larmes.
Et pour s'en affranchir un faux et affadi sourire émerge
D'un indistinct visage sans fond aux cernes sans fin,
Dont l'ombre macabre éclipse une corde en lin
Sitôt coupable, qui pourtant apaise un corps à jamais vierge.

Un vrai faux sourire

J'ai préféré inverser mon regard ; je dois me comprendre avant tout. Mais quel ingrat exercice ! Aussi noble puisse être l'intention, le trésor que l'on chasse nous échappe davantage à chaque nouvelle pièce déterrée.

Et puis, il faut prendre garde au piège du renfermement psychologique. Une spirale dans laquelle la douleur prolifère.

Mon cerveau devenu claustrophobique, j'ai besoin d'espace, d'évasion. Mes yeux réclament de nouvelles couleurs : je vais leur en offrir. Ainsi, j'apprendrai à voir avant de constamment vouloir regarder.

Ne négligeons aucune étape, ne précipitons rien. Les tableaux de la vie se peignent lentement, et ne sont jamais achevés.

OÙ LES VISAGES DANSENT

Nous aurions juré d'un récent incendie
Qui brûla ici vivres et prairies.
Les promenades doivent être si rêches
Sur cette terre aride aux couleurs sèches.

Les chiens errent là où des bambins crient
Dans les rues habitées par quelques souris...
- *Pourquoi mes vers résonnent en tristesse ?*
La réalité n'est pas telle que je la dresse ! -

Les chiens aiment quand les bambins rient !
Si humbles et vrais sont les sourires ici !
Puis un entier Soleil colore les toits
Et l'eau bleue du port de Santa Maria.

De la pluie rare naissent des mirages
Mais les pleurs se dessinent peu sur les visages.
Petites sont les poches peu remplies chaque soir
Mais immenses sont les cœurs bénis par l'espoir.

Nous aurions juré d'un récent incendie
Tant chaleureux est ce pays,
Tant lumineuse est cette île
Qui m'a fait écrire mes premières lignes.

Où les visages dansent

L'ÉTOURNIÈRE

D'un pastel orangé les bas rayons nous plongent
À travers les bois là-bas qui charment les merles,
Ornés de hauts arbres alignés, je prolonge
Ma flânerie aux côtés de ma blanche perle.

La fine brise embrasse les champs infinis,
Accompagne les lentes pavanes des feuilles
Qui jouissent de leur délivrance ; il est ici
Le simple délice de la vie que l'on cueille.

Tandis que le gravier gris gratte mes semelles,
Punga erre gaiement caressée par le blé
Dont les secs épis se plaignent aussi fins que frêles,
Mais qui pourtant ne meurent point de leur bonté.

Tiens ! L'immense ciel se teint, décelant ses taches.
Viens ! Il nous faut rentrer avant le chant des chouettes
Qui même de jour observent et guident nos marches,
Par-delà les sentes qui s'endorment muettes.

L'Étournière

L I L O R Ê V E S

Où se fondent lumières du soir et silhouettes noires,
Je peux enfin respirer cet air marin
Qui d'un vent efface mes terribles mémoires,
Et ce jusqu'au petit matin.

Où se fondent légères vagues et grands voiliers,
J'aime m'effacer de cette humanité
Grossière tant que la lune ne l'appelle,
Fatiguée d'une longue journée de Soleil.

Où se fondent les roches sous mes pieds,
Je pense, j'imagine, je rêve.
Emporté par le désir d'y rester,
Ici plus rien n'est trêve.

Accompagné de mon vélo rouillé
Et d'une somptueuse solitude,
Jamais la vie ne me sera rude,
Ici mes malheurs sont oubliés.

C'est comme si je nageais sans me tremper,
Comme si je me trouvais sans me chercher.
Et même si là-bas
Mon lit est de cailloux,
Peu m'importe
J'y ai appris à rêver debout.

Lilorêves

Le lien qui me rattache au monde tangible est un fil de coton que je tisse continuellement. Je le pensais peu solide, il n'est en effet pas fait de titane. Mais je sous-estimais l'élixir de robustesse qu'enveloppait la douceur du coton. Par sa raideur et son entêtement, le titane m'aurait empêcher d'échouer, d'apprendre, d'admirer. Il n'aurait édifié qu'une illusion d'équilibre entre moi et mon environnement, ainsi qu'entre moi et moi-même.

Naturellement, le titane m'aurait empêché de tisser.

Au contraire, le coton m'a offert la liberté de créer, et bien plus encore. Il m'a permis d'affronter le regard d'autrui que j'évitais auparavant. Je me sais maintenant capable de convier d'autres mains à mon tissage. Quelle preuve de confiance que de laisser à d'autres le pouvoir d'illuminer ou d'assombrir mon regard ! Quelle prise de risque !

Mais savoir partager sa bobine de coton, c'est ça, savoir aimer.

DUETTO

Avant que sa pensée n'émette une expression
La mienne imite la sienne, nul besoin d'un son.
De ces reflets s'impose une symbiose lyrique,
Un duetto magique, la valse mimétique.
Sans possession aucune, tes mots pourtant sont miens,
Livre-moi les peines que ton cœur retient
Sans délaisser la joie qui pour sûr te parcourt.
Arrose ainsi la rose qui bourgeonne de ton discours,
Nourrit mon ouïe qui n'entend que toi
Même n'attend que toi, n'étant vivante que pour ta voix.
Cet éden offre à nos âmes isolées un terrain
Sur lequel un bouquet aux mille couleurs se peint,
Pour qu'elles puissent enfin se rencontrer,
Se voir, se palper sans avoir à se toucher.
Des parfums s'invitent et la magie s'opère :
Le thym infuse tes lèvres dans lesquelles mon regard se perd,
L'acajou polit tes phrases qui combleraient un concerto
Pendant que la cannelle expose la franchise de tes propos.
Alors à cet instant plus rien ne nous entoure,
Plus rien ne pèse, plus rien ne blesse, plus rien n'est lourd.
Ensemble, nos corps planent sur un nuage imaginé
Par nos deux cœurs, qui d'un geste comme un baiser
Effacent la buée derrière laquelle nous observons
L'extase de nos âmes libres qui jouissent de leur union.

Duetto

COUCHÉ DE SOMMEIL

Le Soleil s'égare, mon esprit aussi.

Même si la fraîcheur nocturne apaise nos mœurs,
Il te faut t'endormir tôt ou tard.
Oui, il me faut un sourire neuf ;
Puissent tes paupières éclipser le rayonnement de ton regard.

Sous les pluriels cinq piquants
Émerge cette scène,
Où ton corps immobile mais battant
Émerveille des sensations saines.

Que le fleuve ruisselle,
Que les hiboux huent,
Ou que la pluie martèle,
Seul ton souffle m'est perçu.

Le soleil s'éveille tandis que les hirondelles sifflent gaiement.
Serait-ce la naissance d'un nouveau jour ?
Je l'ignore, à en croire la rosée, sûrement,
Et j'observe ce nouveau sourire apparaitre sur tes roses joues...
Éperdument.

Je peux désormais m'endormir,
Et paisiblement.

Couché de sommeil

Merci Maman pour tes ornements de pastel.
Merci Nicole pour tes précieux conseils.

SOMMAIRE